AF509520

# CHANTS ET VERS

*Sur les principaux événemens qui ont eu lieu en France depuis le retour de la Famille royale en 1814, jusques et compris le Baptême de M^GR. le Duc de Bordeaux, en 1821,*

DÉDIÉS

## AUX MANES DU DUC DE BERRI.

PAR

L. M. D., DIJONNAIS.

# CHANT DES BOURGUIGNONS

## SUR LE RETOUR DES BOURBONS EN FRANCE
### EN 1814.

AIR : *Aussitôt que la lumière.*

1. DE l'Europe les Puissances
Nous ramènent les Bourbons :
Amis, que de jouissances,
Après des malheurs si longs!
D'un moment si favorable,
Qui n'oserait profiter?
Dieu n'est pas inexorable;
Aidons à nous délivrer.

2. La force qui fit le crime,
Maintenant doit des appuis
A l'héritier légitime
Du trône de saint Louis.
C'est un Prince débonnaire;
Hâtons-nous de lui offrir
Un zèle fait pour lui plaire,
Et nos bras pour le servir.

3. Méritons que sa clémence,
Guidant son cœur paternel,
Soit à nous, soit à la France,
Donne un pardon solennel.
Puis, pour jamais que des danses,
Ranimant tous nos cantons,
On y chante les Puissances,
On y vante les Bourbons.

~~~~~~~~~~~~~~~~~~~~~~~~~~~~~~~~~~~~~~~~~~~~~~~~~~~~~~~

## *Sur le départ de Buonaparte pour l'île d'Elbe.*

Air : Rendez-moi, *etc.*

1. DES Corses, oui, le plus méchant
Est parti, chose sûre;                    *bis.*
~~~~~~~~~~~~~~~~~~~~~~~~~~~~~~~~~~~~~~~~~~~~~~~~~~~~~~~

Il s'éloigne du continent,
  Chantons-en turelure.
Ah! la bonne aventure, enfans,
  Ah! la bonne aventure.

2. Il n'emmènera plus les gens,
  Sans règle ni mesure;          *bis,*
Ne fera ni ses adhérens,
  D'humains déconfiture.        *Ah! etc.*

3. Le vin coûtera moins d'argent,
  On en fait la gageure;        *bis.*
L'on pourra boire son content,
  Assis sous la verdure.        *Ah! etc.*

4. De vertus pour gentils amans,
  Filles feront parure.        *bis.*
Tendres époux seront contens
  D'avoir progéniture.        *Ah! etc.*

5. De bonbons pour les jours de l'an,
  Sera manufacture;        *bis.*
De sucre on poudrera le flan,
  Sans craindre la censure.        *Ah! etc.*

6. Des alliés, Princes puissans,
  Voulant que cela dure,        *bis.*
Nous ramènent des Rois aimans;
  Ne leur faisons injure.        *Ah! etc.*

7. Bourbon, pour le Français tremblant,
  Est un nom qui rassure.        *bis.*
D'aimer ces Rois faisons serment,
  Qu'aucun ne soit parjure.
Mieux vaudra l'aventure, enfans,
  Mieux vaudra l'aventure.

8. Grand sera le contentement
  De la race future;        *bis.*
Pour ce remercions souvent
  L'Auteur de la nature.
Il fait cette aventure, enfans,
  Il fait cette aventure.

## Sur la paix de l'Europe signée en 1814.

*Air :* Femmes, *etc.*

1. LES Rois ont tous signé la paix :
Ainsi, la discorde enchaînée,
Jamais ne doit, amis Français,
Etre ici par nous ramenée.
Laissons le carnage aux méchans ;
Ayons les vertus sociales.
Il est pour tous les bienfaisans,
Des jouissances sans égales.                    *bis.*

2. Sans un Roi, point de Nations ;
Comme sans un Dieu, point de Monde.
Pour tous deux, il le faut, tâchons
Que de son sort aucun ne gronde.
Laissons, *etc.*

3. Le retour des Bourbons, nos Rois,
De Dieu nous prouve la clémence.
Les chérir, observer les lois,
C'est fixer le bonheur en France.
Laissons, *etc.*

4. Chantons ensemble de grand cœur ;
Louis ramène paix et joie :
Qu'il vive, pour notre bonheur ;
Qu'il vive, le Ciel nous l'envoie.
Buvons ensuite à son retour,
Il a les vertus sociales.
Doublons pour signaler l'amour
Qu'inspirent ses vertus royales.

## Pour obtenir à l'auteur la permission de porter le Lis, en juillet 1814.

*Air :* Adieu Colin.

1. PUISQU'UNE fleur mise à la boutonnière,
Fait du bon Roi distinguer les amis ;

Je voudrais bien connaître la manière  
De l'obtenir pour moi, pour mes trois fils. } *bis.*

2. Si, pour avoir de lis une corbeille,  
Le Roi voulait me donner un des siens;  
Dans mon jardin il en croît à merveille,  
Sûr je ferais le troc de tous les miens. } *bis.*

3. Mais, proposer un bouquet qui se fane,  
Pour une fleur qui doit durer toujours,  
C'est indiscret, aussi je me condamne;  
D'autres raisons viendront à mon secours. } *bis.*

4. Quatre chansons, ainsi que la présente,  
Sur les Bourbons, sur Louis, notre Roi,  
De mon amour font preuve suffisante,  
Et que toujours on peut compter sur moi. } *bis.*

5. Cent vingt soldats répandus dans la France,  
Ont pris mes vers, ont pris mon sentiment;  
Pour les Bourbons ils feront vigilance :  
On peut le croire, ils l'ont dit en trinquant. (1) } *bis.*

6. Voilà ce qui me donne l'espérance  
D'avoir le lis un jour fixé sur moi.  
En attendant, quelle qu'en soit la chance,  
Mon seul refrain sera VIVE LE ROI! } *bis.*

## *Idylle sur le Lis et la France.*

DEPUIS plus de mille ans, le lis aime la France;  
Depuis un pareil temps, le lis en est aimé :  
La gloire, la grandeur et la magnificence,  
Entourèrent toujours ce couple renommé.

Tellement fut pour lui le destin favorable,  
Que de ne pas périr il en reçut le don :

(1) Ces soldats, logés chez l'Auteur lors des passages de troupes,  
y ont bu gracieusement l'eau-de-vie à la santé du Roi.

Certaines gens diront : cela n'est pas croyable ;
A tous ces raisonneurs je demande pardon ;
Et soutiens que sur lui ( quoi qu'on en puisse dire ),
L'influence du temps, au moment du sommeil,
Disparaît nuitamment, et ( ce que l'on admire ),
Il n'en est que plus beau, quand on est au réveil.
C'est ce qu'on voit de l'eau qui, la nuit épurée,
S'élève dans les airs, pour, dès le point du jour,
Descendre sur les fleurs, la rose en est parée ;
C'est là son vrai moment de servir à l'amour.

Est-il rien de parfait ? L'envieuse malice,
D'altérer ce bonheur fit le vœu criminel,
Entraîna ses suppôts, employa l'injustice,
Pour désunir du moins ce couple non mortel.

A cela ne s'en tint ; dans les enfers rendue,
Elle obtint de Pluton qu'il allumât ses feux :
Il le fit à l'instant, et la terre fendue
Montra toute l'horreur du séjour ténébreux.
Des volcans animés on sentit la fumée ;
Le sol fut ébranlé par leurs efforts puissans ;
La terre des côtés, en montagnes formée,
Abandonna la place à d'horribles torrens.

On ne pourrait compter le nombre des victimes
Que du fleuve nouveau la fougue fit périr.
Ici, c'était un Prince et ses amis intimes ;
Là, c'étaient des cités qu'on voyait engloutir.

A son bord escarpé, la France suspendue,
Ses longs cheveux épars, et les yeux effarés,
Appelait son Amant, sans en être entendue.
Les torrens réunis les avaient séparés !

La blancheur de l'époux devenant éclairée,
A son cœur palpitant découvrit cette horreur.
De même, le Lis vit son Amante éplorée,
L'éclat de son beau sein lui montra son malheur.
Le désespoir répugne aux ames vertueuses ;
Il ne put ébranler celles de ces Epoux :
Elles surent long-temps, quoique très-malheureuses,
Supporter les tourmens forgés par des jaloux.

Voilà donc deux Amans, aussi hauts que la nue,
Voulant se rapprocher, penchés sur un chaos.

Destin qui les aimez, ne les perdez de vue;
Achevez votre ouvrage, il s'agit de héros.

Je crois être écouté : tout change ici de face;
On n'entend plus le bruit du torrent désastreux;
L'eau qui l'alimentait parcourt une autre trace,
Et son lit s'ébranlant laisse voir un grand creux.
C'est un gouffre profond, terrible, épouvantable,
Où l'on distingue assez les traîtres, les tyrans,
Et tous les envieux qui, chose mémorable,
Ont tenté d'imiter le frère des Titans.
A l'aide des volcans, ils ont levé la terre :
Les volcans sont éteints, c'étaient tous leurs ressorts.
On voit leur embarras; leur courage s'altère,
Se sentant pour appuis n'être pas assez forts.
Les montagnes par eux nouvellement formées,
Penchant de toutes parts, les vont tous écraser.

C'en est fait, et déjà leurs ames enfermées,
Du tartare brûlant ne peuvent rien oser.
Trois fois heureux instant, combien tu fus propice!
Il ne t'a pas suffi d'étouffer les méchans;
Aux bons, aux vertueux, tu sus rendre justice,
Et tu mis fin aux maux des illustres Amans.

Leur attitude était, comme on le sait, forcée;
A peine de l'orteil ils touchaient au rocher,
Tant de s'unir au lis la France était pressée,
Tant le lis désirait vers la France marcher!
L'ardeur de leur amour les empêcha d'entendre
Ce que les monts tombans purent faire de bruit.
Un air qui les soutint servit à les défendre
Du mal que la secousse aurait sur eux produit.
Avant de remarquer l'eau sous eux écoulée,
Les rochers abattus et les gouffres remplis,
Dans les bras de l'Amant, l'Amante était pressée,
Et mille fois l'Amante avait baisé le lis.

Tel était ton désir, France, pour être heureuse,
Que de ton cœur le lis ne soit plus séparé.
Les voilà réunis, te voilà glorieuse;
Tu tiens tout du destin, sache-lui toujours gré.

*Extrait des couplets chantés le 12 septembre 1814, à l'arrivée de MONSIEUR, comte D'ARTOIS.*

*Air :* Adieu Colin.

1. ASSEMBLONS-nous, Bourguignons de tous âges,
C'est aujourd'hui qu'arrive un des Bourbons :
Pour le fêter laissons-là nos ouvrages ,
Il faut ici tambours, fifres, clairons.          *bis.*

2. Louïs XVIII des Français le vrai Père
Ne pouvant tous les presser sur son cœur,
Fait annoncer par son unique Frère
Qu'il n'aime rien que faire leur bonheur.          *bis.*

3. Conduisez-nous, fanfares, sur sa route,
Notre devoir est de le prévenir ;
Pour ce message il arrive sans doute,
C'est nous promettre un heureux avenir.          *bis.*

4. Ah! le voilà; qu'il a donc l'air aimable !
Il tend les bras, met la main sur son cœur.
L'indifférent au vrai serait coupable,
Montrons-lui tous du zèle et de l'ardeur.          *bis.*

5. Crions *vivat* et buvons du la Tâche
Plus qu'à plein bord en saluant d'Artois ;
C'est un moyen pour que ce Prince sache
Que de ses Fils la France attend des Rois. *bis.*

*Le retour des Bourbons en France rendant à la fête des Rois l'intérêt qu'elle avait avant leur départ, il m'a paru à propos d'en rappeler le cérémonial. Tel a été le but des couplets suivans :*

*Air :* Aussitôt, *etc.*

1. POUR célébrer cette fête,
On pétrit, au point du jour,

De la fleur que l'on tient prête,
Pour la faire cuire au four.
Puis on élargit la table
Suivant le nombre d'amis ;
Et, comme il faut être aimable,
On chasse au loin les soucis.

2. Aussitôt la nappe mise,
On la couvre bien et beau ;
Chacun boit, mange à sa guise,
En attendant le gâteau.
On y met, quand on l'apporte,
Une féve adroitement ;
La maîtresse fait en sorte
Qu'elle arrive au plus marquant.

3. Par cette innocente ruse
On entend mieux s'assurer,
De crainte qu'il le refuse,
L'être qu'on veut couronner.
C'est une habitude, en France,
D'honorer le Souverain,
En faisant sa ressemblance
Présider à ce festin.

4. Le cocher, la couturière,
Et les bonnes qui sont là,
Quoique placés par derrière,
Ont quelque part au gala.
Car vouloir de telle fête
Eloigner tous ces sujets,
Serait d'une vaine tête
Un des plus mauvais projets.

5. La nourrice voit la féve,
En fait d'abord un secret ;
Mais ne pas rompre la trève,
Ce serait être indiscret.
Elle remplit une coupe,
Et montrant la Majesté,
Elle la remet au groupe,
Qui la boit à sa santé.

6. Vîte à cette politesse
L'élu répond en buvant ;

Ce qui comble d'alégresse
L'assemblée en un instant.
C'est alors que l'on commence
A crier *Roi boit! Roi-boit!*
Et que garder le silence,
Serait être mal-adroit.

7. Si le roi, la tasse pleine,
De boire fait le semblant,
Tout le monde est en haleine;
C'est un jeu divertissant.
Assez souvent il arrive,
Pendant ce charmant repas,
Qu'une voix par trop hâtive,
Dit *Roi.....,* puis dit *ne boit pas.*

8. *Roi boit,* mot de la journée,
C'est crime de l'oublier,
Ce repas seul dans l'année
Se donnant pour le crier.
Fait-on cette étourderie,
Quelqu'un qui noircit son doigt,
Marque au nez, pour qu'on en rie,
Celui qui n'a dit *Roi boit.*

9. L'auteur de ce badinage
Se sent bientôt embrassé
Par celui dont le visage
De noir vient d'être graissé.
Chacun rit de cette lutte,
Et tout en pensant à soi,
Chacun tâche que la chute
Ne se fasse près du Roi.

10. Lorsqu'un lutteur se dégage,
Les jeunes gens font des cris,
L'enfant sous un lit s'engage,
Tous ont peur d'être noircis.
Mais comme on craint pour la table,
Si l'on ne s'arrête là;
Le Roi sage autant qu'aimable,
D'un seul mot met les holà!

11. De la souche on voit la cendre;
Sur les plats on ne voit rien.

Pourquoi dire à qui s'en prendre ?
On le devinera bien.
Tout est bu, l'on se retire,
Et si quelqu'un marche droit,
C'est qu'on n'a plus de quoi dire
Encore une fois *Roi boit.*

    12. A l'an prochain le tapage,
De dormir on est pressé,
Tellement que l'enfant sage
N'a besoin d'être bercé.
On éteint donc la lumière,
Et du bon Français la foi
Lui faire dire en sa prière :
Dieu, conservez notre *Roi !*

*A la nouvelle que Buonaparte échappé de l'île d'Elbe venait de débarquer en France, avec l'intention de reprendre le trône aux Bourbons, à l'aide d'un parti qu'il avait dans l'armée, je fis l'adresse suivante aux militaires français.*

Où portez-vous vos pas, trop valeureux Guerriers ?
Comment ne voyez-vous que le Corse vous trompe ;
Qu'en servant ses complots, c'est ternir vos lauriers,
Et vous livrer de suite à la funèbre pompe ?

Pour soutenir la France, on vous choisit soldats ;
Des méchans, pour eux seuls, depuis plus de cinq lustres,
Vous ont fait affronter les périls des combats ;
Et le sang des conscrits les a fait des illustres.

Jaloux de dominer, ils ont tué leur Roi.
C'est pour se maintenir qu'ils dirigent vos armes
Contre ses successeurs désignés par la loi,
Qu'ils prêchent la discorde et lui trouvent des charmes.

Mentir impunément au sujet des Bourbons,
Paraît tout naturel à ces êtres féroces,
Qui, ne pouvant fixer les justes ni les bons,
Ont recours, pour les perdre, à des moyens atroces.

Il leur importe peu de vous tous exposer,
D'embraser les cités, d'anéantir la France;
Car pour eux tout est bien, s'ils peuvent conserver
D'un pouvoir usurpé la douce jouissance.

Par bonheur, de leur chef le dur règne est passé;
Le retour des Bourbons lui donne l'épouvante.
On prévoit que rebelle et du trône chassé,
Il n'aura pour soutien que sa rage impuissante.
Peut-on attendre moins du vœu religieux
Des troupes de l'Europe avec zèle assemblées,
Pour venir sous leurs Rois charger ces factieux,
Par qui les nations sont si souvent troublées !
Amis, rétrogradez, revenez aux Bourbons;
Gardez-vous d'écouter le bourreau de la France,
Ni mille scélérats auxquels il fait des dons,
Pourvous prêcher qu'il faut les battre à toute outrance.
C'est à qui d'entre eux tous saura mieux aveugler;
Au surplus, Dieu se lasse, il veut qu'on vous détrompe,
Et que sur sa justice ayant à vous régler,
Vous hâtiez de vos Rois le triomphe et la pompe.
Patriotes, soldats, si vous ne l'écoutez,
Vous allez tous périr, tous, et périr sans gloire;
Mais si pour les Bourbons à l'instant vous marchez,
De l'Europe sauvée on ornera l'histoire.

*Des généraux ayant traîtreusement aidé Buonaparte à rentrer à Paris et à reprendre le trône aux Bourbons, les alliés sont revenus pour rétablir de nouveau et plus solidement les souverains légitimes; à ce sujet, j'ai fait à ces puissances l'adresse suivante :*

Vous, Potentats qui, par la providence,
D'un quart du globe êtes chargés du soin,
Venez, venez établir l'ordre en France;
Jamais pays n'en eut autant besoin.
C'était jadis une belle contrée,

Qui florissait, grâces aux soins d'un bon Roi ;
Mais par un tigre aujourd'hui dévorée,
Elle gémit sous son horrible loi.

Ce cruel chef contre les royalistes ,
Impudemment fait placarder les murs ;
Pour les proscrire, il en répand des listes,
En y joignant des mensonges obscurs.

Bientôt le peuple à des excès se porte,
De leurs maisons arrache les barreaux.
Quelqu'un se plaint, on enfonce sa porte,
Et ses voisins sont pour lui des bourreaux.

Tous les moyens du tyran sont atroces :
On voit qu'il veut, redoutant les revers,
Rendre par-tout les nations féroces,
Pour faire aux Rois déserter l'univers.

Princes unis, amenez vos cohortes ;
De l'Eternel la justice est pour vous ;
Elles seront, n'en doutez, les plus fortes,
Et les brigands se disperseront tous.

Ils montreront, durant leur longue fuite,
Qu'un régicide est par-tout en horreur ;
Que les remords sont du crime la suite ,
Et que les Rois sont les oints du Seigneur.

L'Europe alors, soustraite à la furie ,
Adressera des cantiques aux cieux ;
Et le Français dira dans sa patrie :
Sous les Bourbons on est toujours heureux !

---

## Adieux des Français aux Princes de l'Europe, après la conduite de Buonaparte dans l'île Sainte-Hélène.

MONARQUES désireux du bonheur général,
Par-tout il vous est dû de la reconnaissance :
Votre accord aux méchans redoutable et fatal,
A pu seul ramener les Bourbons à la France,
Et détruire l'effet d'un système infernal
Qui proscrivait les Rois, et flattait la licence.

Entendez, en partant, les bien sincères vœux
Qu'inspire ici la joie aux ames épurées :
Puissent les maux cessés par vos efforts heureux,
N'avoir pas leurs pareils dans vos vastes contrées,
Et que la vigilance ait pour les factieux
Dans vos états l'effet qu'ont des portes murées !

*Peinture du bonheur de la France sous le règne de Louis XVIII. Ce bonheur, que l'on pouvait chanter au 1.er janvier 1815, a été suspendu peu de temps après par le retour inopiné de Buonaparte, mais il est revenu pour toujours au bout de quelques mois.*

Air : Aussitôt, etc.

1. DANS le nombre des années
Que l'on voit se succéder,
Il en est de fortunées
Qu'il convient de célébrer.
Français ! tout nous le présage,
Celle où nous allons entrer
Rappellera l'heureux âge
Sans le faire regretter.

2. Minuit sonne, elle commence ;
Allons contempler les cieux,
Et bénir la Providence
Qui les fit si radieux.
Puis, jurons tous de complaire
A notre Roi bienfaisant ;
Il est pour la France entière,
L'image du Tout-puissant.

Après ces préliminaires,
Il sera fort à propos,
D'abandonner nos paupières
A la douceur du repos.
Il faudra, d'ailleurs, encore
Admirer le point du jour,

Et voir la première aurore
Qu'aura l'an à son retour.

4. L'air résonne ; ah ! c'est l'aubade,
Il n'est plus temps de dormir ;
Le but de sa promenade
Est de nous tous réjouir.
Qu'on sorte donc de la plume,
Au diable qui peut ronfler !
Il faut du feu, qu'on l'allume,
Qu'on commence à le souffler.

5. Bon, le voilà qui pétille,
On prépare à déjeûner,
Et chacun, dans la famille,
Est en train de se lever.
Déjà le petit demande
Le baiser de sa maman,
Et sa sœur un peu plus grande
Lui dit bon jour et bon an.

6. Ce souhait de bonne année,
Que font pour nous les enfans,
Acquitte en une journée
Le soin de leurs jeunes ans.
Au palais, dans la chaumière,
On jouit de cet instant ;
Il n'est grandeur, ni misère,
En ce jour tout est content.

7. Le malheur comblait la France,
Ses Rois ne paraissant plus ;
Mais par-tout naît l'espérance,
Les Bourbons sont revenus.
A secourir l'indigence,
Chacun trouve des attraits ;
Le père étrenne l'enfance,
Et le Roi lit les placets.

8. De tous côtés dans la rue
On voit le contentement ;
On s'embrasse, on se salue,
On s'offre un petit présent.
Cette agréable journée
Fait renouer l'amitié,

Quand d'anis une poignée
Se partage par moitié.

9. Chez le curé, chez le maire,
Chez le juge et le préfet,
Il faut avoir bien affaire,
Pour ne pas mettre un billet.
Sentiment ou politique,
On doit au supérieur,
Suivant un usage antique,
En ce jour porter honneur.

10. Quelquefois une portière,
Voyant ces billets en tas,
En dispose à sa manière,
Comme on ferait du fatras.
Il ne faut pas qu'on se fâche
Pour un pareil accident;
Faire son devoir, sa tâche,
Doit toujours rendre content.

11. Pour varier cette fête,
On court, ou l'on fait des jeux;
Puis, avec du bois qu'on quête,
On fait allumer des feux:
Leur agréable lumière,
En prolongeant ce beau jour,
Prise tout ce qui doit plaire
Aux regards du tendre amour.

12. Ici redouble la joie,
Tous se prennent par la main;
On sent qu'on n'est plus la proie,
Le jouet d'un inhumain.
Les mouvemens, la cadence,
Sont réglés par des hautbois,
Et tout en sautant on pense
A bientôt tirer les Rois.

13. Il est tard, le hautbois cesse,
Avec lui le rigodon,
Et la faim fait qu'on s'empresse
De regagner la maison.
On chante, on ne s'inquiète
De la bonté du festin.

Le riche met la serviette,
En ce jour, chez le voisin.

14. Pour ce trait de bienfaisance,
Dont le prix ne va pas loin,
On a la reconnaissance
De ceux dont a pris soin.
De plus, quel qu'à la chaumière
En soit le contentement,
L'opulent qui l'a pu faire
En éprouve un bien plus grand.

---

## Chant pour la fin de 1815, après le départ des alliés et de leurs troupes.

*Air :* Défiez-vous, *etc.*

1. ON perd le bien pour vouloir mieux,
    Des envieux
On vient de l'apprendre.
Mais les maux attirés par eux
Ne se reverront plus dans ces lieux.
    Mettons-nous en cadence,
    Et réjouissons nous, Français.
    Mettons-nous en cadence,
Nos maux ont cessé pour jamais.

2. Ils l'ont voulu, les imposteurs,
    Les malfaiteurs,
    Prêchant le pillage;
Mais n'ont pu, sur tous gens d'honneur,
Assouvir leur horrible fureur.
    Mettons, *etc.*

3. Pour s'en garer, on les a pris,
    On les a mis
Dans la chambre noire :
Ils changeront, ou bien flétris,
Du sol français ils seront bannis.
    Mettons, *etc.*

4. Alexandre a fait notre accord,
    Ce roi du Nord

Entraîne les Princes :
Comme Wellington, fameux lord,
Chacun d'eux va regagner son bord.
   Mettons, *etc.*

   5. Ils emportent du bon aloi,
     En or, ma foi,
   Pour frais du voyage.
Ne nous plaignons de cet octroi,
Puisqu'ils ont ramené notre Roi.
   Mettons, *etc.*

   6. Le Roi pour nous est un tuteur,
     Un défenseur
   Que la loi nous donne;
A lui soumis, unis de cœur,
Du monde entier nous n'aurons pas peur.
   Mettons, *etc.*

   7. Louis XVIII veut notre bien,
     C'est très certain,
   Non pas pour le prendre.
Laissons agir ce Souverain,
Qui nous aime et nous porte en son sein.
   Mettons, *etc.*

   8. Déjà l'on voit des jeunes gens,
     De grands enfans,
   Remplis d'espérance,
Se rappeler des noms d'amans,
Que firent oublier les tyrans.
   Mettons, *etc.*

   9. Les belles auront pour maris,
     Des gens choisis:
   C'était le contraire.
Ne risqueront d'avoir des fils,
Tout ainsi que des lapons bâtis.
   Mettons, *etc.*

   10. Des gros garçons qu'on en aura,
     L'on en prendra
   Pour servir la France;
Mais le bon Roi si bien fera,
Qu'à chaque mère il en restera.
   Mettons, *etc.*

11. Force gâteaux, force bonbons,
   Et macarons ,
Lors de leur naissance ,
Seront lancés hors des maisons ;
Doux effet du retour des Bourbons.
   Mettons, *etc.*

12. Un tel début vaut un miroir
   Où l'on doit voir
Que notre patrie ,
Sous les Bourbons, loin de déchoir,
De se relever a tout espoir.
   Mettons, *etc.*

13. Contens ainsi , laissons le mieux
   Aux envieux
Bien foux d'y prétendre.
Pour ne servir d'objet comme eux,
Par la révolte ; au courroux des cieux.
   Mettons, *etc.*

14. Venez, bergers et troubadours,
   Venez, tambours
Et pipeaux , en France :
Les lis avec leurs alentours
Y sont enfin rentrés pour toujours.
   Cédez à nos instances ,
Le plaisir renaît en ces lieux ;
   Venez jouer nos danses,
Comme nous vous serez heureux.

---

*Couplets adressés à la Duchesse de* BERRI
*au moment de son mariage, le 17 juin 1816.*

*Air :* Avec les jeux , *etc.*

1. Vous qu'ici le destin amène
A l'instant où cessent nos maux ;
Princesse , ne soyez en peine ,
Tous vos momens y seront beaux.

Ce que vous faites pour la France,
En vous unissant à son sort,
Portera sa reconnaissance
Et son amour jusqu'au transport. *bis.*

2. Vous êtes la colombe amie,
Tenant le rameau d'olivier,
Qui confirme à notre Patrie,
Qu'à la paix on doit se fier.
Puissiez-vous, pour ce doux présage,
Obtenir la fécondité :
Oui vous l'aurez, car ce vœu sage,
Sera par le ciel exaucé. *bis.*

3. L'emblème qu'avec l'immortelle
On montre en l'attachant au lis,
Dit d'une manière formelle
Qu'on veut les voir toujours unis.
Aussi croit-on qu'il n'est détresse
Dont un Bourbon soit accablé,
Et qu'être de Berri Duchesse,
C'est tendre à l'immortalité. *bis.*

4. Louis XVIII et d'Angoulême,
Vous qui régnez sur tous les cœurs,
Ce couple est un autre vous-même,
Souffrez qu'on lui cueille des fleurs.
Le Français à jamais fidèle,
Vous chérira toujours en lui.
Sûr que, dans sa suite éternelle,
Vos vertus brilleront aussi. *bis.*

---

## *Pour Monseigneur le Duc d'Angoulême à son passage à Dijon, le 7 juillet 1816.*

*Air :* Femmes, voulez-vous, *etc.*

1. Quand le destin, Prince français,
Vous force à faire un long voyage,

Il entre un peu dans ses projets
Qu'on vous connaisse davantage.
De vous chérir c'est un devoir
Qui se prêche en tout bon ménage ;
En un plaisir, vous laissant voir,
Ce sera changer cet hommage.                    *bis.*

   2. Sortez donc de votre palais,
Moitié d'un couple que l'on aime ;
Vous entendrez tous les souhaits
Qu'on fait pour le Duc d'Angoulême.
Et lorsque vous serez connu,
Chacun oubliera sa misère
Pour parler du Roi revenu,
De ses Neveux et de son Frère.                  *bis.*

---

## Pour MADAME la Duchesse D'ANGOULÈME arrivée à Dijon le 7 juillet 1816.

1. FILLE de nos bons Rois, jadis infortunée,
Tout ici vous est dû, soit amour, soit respect ;
De vos vertus l'ensemble à la France étonnée
Laissera pour toujours un modèle parfait.
Ayez de nos regrets la sincère assurance,
Et jugez de l'amour que pour vous nous avons,
Par le zèle à chanter ce refrain dont la France
Aux échos chaque jour fait répéter les sons :
   *Vive Louïs XVIII ! Vive Louïs XVIII !*
   *Vive Louïs XVIII, et vivent les Bourbons !*

2. Accourez, Bourguignons, venez dans cette ville,
Vous fidèles sujets, vous sujets repentans ;
La Princesse chérie est d'un abord facile,
Et vous pourrez la voir pendant quelques instans.
Si de la réjouir est affaire impossible,
Pour la distraire au moins, nous nous réunirons ;
Elle a pu pardonner, elle sera sensible
Au bruit de ce refrain que nous lui chanterons :
   *Vive,* etc.

3. Pourquoi quelques Bourb. ne nous viennent-ils d'elle?
Ils en seraient plus chers et combleraient nos vœux ;
Mais au loin le murmure : ô Sagesse éternelle,
Par un équivalent vous nous rendez heureux !
Oui, si vous ne donnez des Bourbons à la France,
Thérèse, vous rendez les Français aux Bourbons.
L'histoire vantera cette heureuse influence,
Et, sans penser à vous, jamais nous ne dirons :
   *Vive*, etc.

*Chant fait en 1816 pour la Saint Louis,
fête du Roi.*

Air : Faut attendre avec patience, *etc.*

1. DE la naissance de ce monde
Aussitôt que l'on s'éloigna,
Tout fils d'une femme féconde
Par un surnom se distingua.
C'est dès ce temps que vint la mode
Que chaque humain ait un prénom :
Cette manière étant commode,
De l'établir on eut raison.    *bis.*

2. Dès qu'on put faire une légende,
Étant un point essentiel
Qu'un saint du démon nous défende,
Le prénom se prit dans le ciel.
C'est dès ce temps que vint la mode
D'appeler ce saint un patron :
Cette manière étant commode,
De la garder on eut raison.    *bis.*

3. Comme il est bon que chacun pense
A son patron pour le prier,
Et qu'à sa fête aussi l'on danse,
On a fait un calendrier.
Cette invention, vu la mode
Que chaque humain ait un patron,

Assurément est bien commode ;
On s'en sert, et l'on a raison.       *bis.*

4. Il n'était ville ni village,
Bourgade non plus que hameau,
Qui n'eût un patron en partage,
Qui ne lui bénît un gâteau.
Ainsi l'on consacra la mode
Qu'une commune ait son patron :
Cette manière étant commode,
De l'adopter on eut raison.       *bis.*

5. Les ouvriers, les ouvrières,
Ont un saint pour les protéger ;
Tous leurs corps en ont des bannières,
Qu'à son tour chacun veut loger.
Comme on voit, c'est aussi la mode
Que chaque corps ait un patron :
Cette manière étant commode,
De l'établir on eut raison.       *bis.*

6. Lorsque du saint revient la fête,
Sur un bâton haut attaché,
Un confrère le porte en tête,
Trop ne peut être endimanché.
Au vrai ceci soutient la mode
Que chaque corps ait un patron :
Cette manière étant commode,
De l'etablir on eut raison.       *bis.*

7. Pour régaler la confrérie,
Pères, mères, amis, enfans,
On voit large pâtisserie
S'élever au milieu des rangs.
Que peut-on de mieux pour la mode
Que chaque corps ait un patron ?
Cette manière étant commode,
De la garder on a raison.       *bis.*

8. Femmes, garçons, maris et filles,
D'un saint ne pouvant se passer,
Mangeant, dansant, faisant des billes,
Fêtent son jour sans se lasser.
Ils ne pourront quitter la mode
D'avoir pour eux un saint patron :

Cette manière étant commode,
De la prendre ils ont eu raison.  *bis.*

9. A leurs galas, on croit sans peine
Qu'à boire il ne faut inviter,
Sinon pour du jus de fontaine,
Qui n'est bon là que pour rincer.
Cela maintient toujours la mode
Que tout ce monde ait un patron :
Cette manière étant commode,
De la garder on a raison.  *bis.*

10. Quand d'un bon père c'est la fête,
D'une mère ou bien d'un enfant,
Deux jours avant on leur apprête
Quelques bouquets, un compliment.
Cela prise beaucoup la mode
Que tout humain ait un patron :
Cette manière étant commode,
De la garder on a raison.  *bis.*

11. Lorsqu'il s'agit d'une maîtresse,
L'amant lui compose un couplet,
Mais souvent l'excès de tendresse
Fait, l'abordant, qu'il est muet.
Cela ne détruit pas la mode
Que toute fille ait un patron :
Cette manière étant commode,
De la garder on a raison.  *bis.*

12. Quand vient le tour de cette amante,
On voit qu'allant vers son ami,
Elle se dit : Soyons prudente,
Nos patrons le veulent ainsi.
Qu'on blâme après cela la mode
Que chacun ait un sien patron :
Cette manière étant commode,
De la garder on a raison.  *bis.*

13. Tout ce bonheur, c'est chose sûre,
Que par an aux sujets épris
Le patronage ainsi procure,
Se retrouve à la Saint Louis.
Cela vient de la bonne mode
Que le Roi même ait un patron :

Cette manière étant commode,
De l'établir on eut raison.                    *bis.*

14. Par le canon ce jour s'annouce,
Toute la France en retentit,
Car les échos lui font réponse,
Et de tous côtés chacun dit :
Ah! quelle est donc bonne la mode
Que le Roi même ait un Patron :
Jamais rien ne fut plus commode,
De l'établir on eut raison.                    *bis.*

15. On a jeux, festins, feux et danse
Pour le jour de la Saint Louis ;
Ce bon patron du Roi de France
Ranime et double les plaisirs.
Vive, vive le patronage!
Saint Louis soutient les Bourbons ;
Il veille sur leur héritage.
Français! toujours nous les aurons.         *bis.*

~~~~~~~~~~~~~~~~~~~~~~~~~~~~~~~~~~~~~~~~~~~~~~

*Couplets tendans à calmer l'agitation qui règna en France en 1817, temps où la malveillance s'est réunie à une grande disette.*

*Air :* Femmes, *etc.*

1. D'un même couple descendus,
Français! nous sommes tous des frères.
Aimons-nous, ne nous brouillons plus,
En mémoire de nos bons pères.
Que n'était-il dans leur pouvoir
D'unir le bonheur à la vie?
C'eut été pour eux un devoir,
Et l'on n'eut pas connu l'envie.

3. Suivant une éternelle loi,
Cette affaire s'étant réglée,
Tandis que l'un devient un Roi,
L'autre est perdu dans la mêlée.
~~~~~~~~~~~~~~~~~~~~~~~~~~~~~~~~~~~~~~~~~~~~~~

On voit des grands et des petits,
Des ports droits, des jambes arquées;
Il est des êtres abrutis,
Il est des ames élevées.                    *bis.*

3. Esculape a ses favoris
Qu'il exempte de maladie,
Tandis qu'il est sourd aux grands cris
De ceux que la goutte estropie.
Certains sujets ont la beauté,
Et d'un bon esprit l'avantage;
Il en est, d'un autre côté,
Qui n'ont que laideur en partage.           *bis.*

4. Aux grandes faveurs de Crésus
Quelques-uns seuls peuvent prétendre,
Quand, par la misère abattus,
Des milliers veulent se pendre.
C'est triste; mais l'égalité
Au monde entier serait contraire,
Et l'on n'en parle, en vérité,
Que pour éblouir le vulgaire.               *bis.*

5. En vain l'on se révolterait
Contre le maître du partage;
Après le combat on verrait
Par-tout rétablir son ouvrage.
L'un reviendrait bossu devant,
Qui ne l'était que derrière;
Le manchot irait clopinant:
Tel serait le fruit de leur guerre.         *bis.*

6. Sois donc doux, probe et résigné,
Pauvre, la raison te l'ordonne;
Te voyant, l'opulent touché
T'offrira souvent son aumône.
Il sait, s'il venait à déchoir,
Qu'ayant secouru son semblable,
Il pourrait jouir de l'espoir
Qu'on rendrait son sort supportable.        *bis.*

7. Restez, grands arbres et buissons,
Pour faire aux oiseaux des asiles;
Ne comblez jamais les vallons,
Montagnes, vous êtes utiles.

Ce nivellement, n'en doutons,
A tous les animaux contraire,
Nous noierait et nos rejetons,
Puisqu'il submergerait la terre.                    *bis.*

8. Que tout reste, car tout est bien :
Sans la richesse et l'indigence,
Il n'existerait, c'est certain,
Ni charité, ni patience.
On n'aurait plus besoin de loi,
La vertu deviendrait chimère;
Bourbon, tu ne serais plus Roi;
France, tu n'aurais plus de Père.                   *bis.*

---

## *Quatrain sur l'assassinat de MONSEIGNEUR le Duc de BERRI, qui a été commis le 13 février 1820.*

O Peuples alliés; Nations ennemies!
De la mort de BERRI, qui vous ferait horreur,
Je ne vous dirai rien : ouvrage des furies,
On ne peut y penser sans entrer en fureur.

---

## *Couplets sur la naissance de MONSEIGNEUR le Duc de BORDEAUX, fils posthume de l'infortuné Duc de BERRI.*

*Air :* Avec les jeux, *etc.*

1. FRANÇAIS, un Bourbon vient de naître,
Courons entourer son berceau,
Empêcher que la main d'un traître
Arrive jusqu'à son rideau.
Un poignard l'a privé de père,
Un poignard l'a fait orphelin.

Aidons sa jeune et tendre mère
A supporter un tel chagrin.                    *bis.*

2. Eh, c'est cette aimable Princesse
Qui, sachant le Duc de Berri
Tout comme nous dans la détresse,
L'accepta pour époux chéri.
Cet héroïsme, ce courage
Feront, avec le lait sucés,
Qu'au mieux sur son fils ayant l'âge,
Couronne et dais seront placés.                *bis.*

3. Révérons-le quoiqu'en un lange,
Jurons-lui le plus vif amour ;
On ne verra plus la phalange
Qui cherche à le priver du jour.

La paix, prix de notre constance,
Se répandra dans tous les rangs,
Et le Prince dans sa clémence
Nous appellera ses enfans.                     *bis.*

―――――――――――――――――――――――――――――――――――

*Chant sur le Baptéme de* MONSEIGNEUR *le Duc de* BORDEAUX, *devant avoir pour Parrain S. M. Louis XVIII, et pour Marraine l'Armée française.*

*Air :* Adieu Colin.

1. CLOCHES, canons, tambours, fifres, trompettes,
Sonnez, ronflez, formez de beaux accords,
Ne décessez durant ces jours de fêtes,
L'orphelin Duc a droit à vos efforts.
C'est son Baptême, il faut de beaux accords ;
Sonnez, ronflez, faites tous vos efforts.

2. Suivant vos sons, des cohortes nombreuses
Marchent en ordre et forment triple rang ;
Près de l'enfant elles sont glorieuses

D'en protéger le cortége brillant.
Pour son Baptême il faut de beaux accords,
Cloches, canons, faites tous vos efforts.

3. A pas comptés vers l'église on avance ;
Un saint prélat, assisté d'une croix,
Vient recevoir le nouveau Fils de France
Qu'on y conduit pour la première fois.
Pour son Baptême il faut de beaux accords,
Sonnez, ronflez, faites tous vos efforts.

4. Sur des débris de nos drapeaux antiques,
Par des soldats, sergens et généraux,
Le Prince, au bruit d'harmonieux cantiques,
Est soutenu sur les fonts baptismaux.
Pour son Baptême il faut de beaux accords,
Cloches, canons, faites tous vos efforts.

5. De l'oraison que récitent les prêtres,
Par mille *amen* chacun se dit content ;
Par des *vivat*, comme sous ses ancêtres,
Pour cet Henri l'on montre un zèle ardent.
Cloches, canons, formez de beaux accords,
Ne décessez, faites tous vos efforts.

6. Sons...., à BERRI dites dans l'Elisée,
Qu'à son décès, effet d'un crime affreux,
La France doit d'être à présent sauvée,
Et son cher Fils le rang de ses Aïeux.
Cloches, canons, formez de beaux accords,
Ronflez, tonnez, redoublez vos efforts.

7. Pieuse veuve, il faut cesser de craindre,
Avec ton Fils un grand pacte est signé ;
La France et lui ne seront plus à plaindre,
En ce beau jour le lis est relevé.
Cloches, canons, formez de beaux accords,
C'est un Henri, faites tous vos efforts.

8. Il est Filleul de chaque militaire,
Des milliers s'en diront le parrain :
Ne sont-ils pas tous enclins à lui plaire,
A soutenir le sceptre dans sa main ?
Cloches, canons, continuez vos accords,
C'est un Bourbon, faites tous vos efforts.

9. Bourbons, sur nous vous régnerez sans cesse;
Vos descendans , de nos Fils seront Rois;
De les avoir , chacun dans l'alégresse
Voudra pour eux tenter quelques exploits.
Raison, sagesse, amitié , vos accords ,
Bien soutenus , les rendront toujours forts.

FIN.

DIJON, IMPRIMERIE DE V.º BERNARD-DEFAY, RUE PORTELLE.